Fränkische Weihnacht

Die Weihnachtsgeschichte nach dem Lukas-Evangelium
in Nürnberger Mundart nacherzählt von Hans Mehl.
Mit fränkischen Volksliedern zur Advents- und Weihnachtszeit,
ausgewählt von Erwin Zachmeier.
Illustriert von Fritz Henry Oerter.

VAH
Verlag Albert Hofmann · Nürnberg

Gesamtherstellung: Druckerei und Verlag Albert Hofmann · Nürnberg
 · Printed in Germany 1985
3. unveränderte Auflage · ISBN 3 87191 044 9
Auslieferung an den Buchhandel: M. Edelmann, Nürnberg

Unter dem Motto „Fränkische Weihnacht" lädt seit nunmehr zehn Jahren der Bayerische Landesverein für Heimatpflege e.V. alljährlich zu einem Singen und Musizieren fränkischer Volksmusikgruppen ein.

Den textlichen Rahmen bildet dabei die dem Lukas-Evangelium in Nürnberger Mundart nacherzählte Weihnachtsgeschichte. Allen Freunden der „Fränkischen Weihnacht" legen wir nunmehr – vielfachen Wünschen entsprechend – den Wortlaut dieser Dichtung vor. Eine Reihe ausgewählter fränkischer Advents- und Weihnachtslieder soll den Text musikalisch ergänzen. Die allermeisten dieser Melodien finden sich naturgemäß in anderen Liederbüchern wieder. Wir haben uns bemüht, die Lieder so wiederzugeben, wie sie von fränkischen Singgruppen in teilweise abgeänderter Form tatsächlich vorgetragen werden.

Zu danken haben wir dem Bayerischen Landesverein für Heimatpflege für die Unterstützung bei der Herausgabe dieses Buches.

Hans Mehl Erwin Zachmeier

Vorspruch

Es schönnste Fest der Christnheit
des feiert mer zur Weihnachtszeit.
Af unserm ganzn Erdnball
denkt mer an die Geburt im Stall,
döi alli Joahr mir noucherlebn,
wöi Gott der Herr sein Sohn hout gebn
der ganzn Menschheit als a Kind,
durch des die Welt ihrn Friedn findt.

Gern soung die Menschn unsrer Zeit
mehr widder die Besinnlichkeit,
walls nu wos bessers af der Welt
gibt, als wöi blouß die Jagd nach Geld.

Africhtn wolln si Herz und Sinn
an dem, wos bhaltn hout sein Gwinn:
Döi alta Botschaft an die Welt
sich zwaa Joahrtausnd lang erhält,
wöis in der Evangeliengschicht
hom die Apostl uns bericht';

vom Engl, der döi Botschaft bracht
hout denni Hirtn in der Nacht,
wöi sa si gfärcht hom und senn gloffn
nach Bethlehem hie vuller Hoffn,

wöis in an klana Stall dort drinna
a Kindla in era Krippn finna
und wöis des als ihrn Gott und Herrn
in Demut tenna dort verehrn;

und wöi aus ferna Morgnland
drei heilige König Gold und Tand
im Stall bei Esl, Schouf und Rind
hom niederglegt vurn Jesuskind . . .

In unsrer Mundoart stell ich doar
döi alta Gschicht, wöis doamoals woar
und schöine Lieder wolln mer bringa,
wöi mers zur „Fränkischn Weihnacht“ singa.

Es wollt ein Jäger jagen 1602

Es wollt ein Jäger jagen,
er jagt von Himmelshöh'n.
Was begegn't ihm auf der Heiden?
Maria, die Jungfrau schön.

Der Jäger, den ich meine,
der ist uns wohlbekannt,
er jagt mit einem Engel,
Gabriel ist er genannt.

Der Engel blies sein Hörnlein,
das lautet also wohl,
gegrüßt seist du, Maria,
du bist der Gnaden voll.

Gegrüßt seist du, Maria,
du edle Jungfrau rein,
dein Leib, der soll gebären
ein kleines Kindelein.

Maria, die zart reine,
fiel nieder auf ihr Knie,
sie sprach: „Herr Gott im Himmel,
dein Will' gescheh' an mir."

„Dein Will', der soll geschehen,
ohn' alle Pein und Schmerz."
Da empfing sie Jesum Christum
in ihr jungfräulich Herz.

Verkündigung Mariens

Der heilige Lukas uns beschreibt,
daß in Nazareth sei Gschäft betreibt
der Joseph dort als Zimmermoh,
dems die Maria traut hom oh.

Zu denni zwaa is in an Summer
der Engl Gabriel hiekumma
und gröißt döi junga Frau recht schöi
vo unserm Herrgott in der Höih.
Er spricht „Du bist gebenedeit!“,
und daß ball kumma soll döi Zeit,
wou sie a Kindla werd gebärn.
A groußer König sollt des wern
und herrschn über unser Welt.
Su houts der Engl ihr vermeldt.

Des, wos der Himmlsbot hout gsagt,
ihr gleich an groußn Schreckn macht.
Bis nu recht schaut, woar der scho fort.
Maria ober hebt jeds Wort
töif in ihrm Herzn drinna aaf,
richt ihri Augn zum Himml naaf
und denkt bescheidn sich und still:
„Mir gschicht, wöis unser Herrgott will . . .“

Der Englische Gruß

aus Theres

Von Gott der Engel Gabriel gesandt zur Jungfrau reiset
und vor derselben niederfällt, sein' Reverenz erweiset.
Er sprach: ,,Maria sei gegrüßt, von Gott allein bist auserkiest,
von Engeln hochgepreiset.

Du wirst empfangen einen Sohn, mit größter Freud' gebären,
der größer ist als Salomon mit alle seine Ehren.
Den König Himmels und der Erd', des Reich von Ewigkeit her währt,
wird ihn niemand zerstören.

Gott ist mit dir, o Jungfrau rein, folg' treulich meinem Raten.
Der heilig' Geist wird ob dir sein und wird dich überschatten.
Darum gib deinen Willen drein, ein' Mutter Gottes mußt du sein,
Maria voll der Gnaden."

Maria zu dem Engel sprach: ,,Soll ich dann Gott gebären,
wiewohl ein' wunderschwere Sach', ich will mich doch nicht wehren.
Mir g'schehe nach den Worten dein, nunmehr geb' ich den Willen drein,
ein' Dienerin des Herren."

Der Gruß des Engels aus Theres

Reinste Jungfrau, o betrachte,
wie als dir der Engel sagte,
daß du Mutter Gottes seist,
du empfingst den heil'gen Geist.

Gottes Wille war der deine,
denn du sprachst: ,,Sieh, ich bin eine
Magd des Herrn beständig fort,
mir gescheh' nach deinem Wort."

Und das Wort ist Fleisch geworden,
Gottes einz'ger Sohn, der dorten
in dem Himmel ewig thront,
hat auch unter uns gewohnt.

Bitt' Maria, für die Seelen,
die des Feuers Peinen quälen,
führe sie dem Himmel zu,
in den Frieden, in die Ruh'.

Magnifikat

Wöi des a jeda Frau wuhl tout,
macht die Maria sich vill Mout,
denkt nouch oft in der ernstn Zeit,
wöis af ihr Kind sich vurbereit'.
Ihr Joseph läßts halt oft allah,
er mouß ba seiner Ärbert sa;
er houts net leicht als Zimmermoh,
wöi jeder sich des denkn koh.
A Weil draf macht sei Frau sich zamm,
göiht fort a Zeitlang vo dahamm;
ihr Bäsla, die Elisabeth,
houts goar su lang scho gsehgn net,
sie häitn vill mitnander z'redn,
wos mit an Mannsbild net gern tetn . . .

Su houts ihr Bündala ball gschnürt,
der Weg übers Gebirg sie führt.
Wöis ba ihrn Bäsla dann kummt oh,
woar des a Freid und a Halloh.
Die Lisabeth woar scho bereit
und gröißts „Du bist gebenedeit!" . . .
Genau su, wöis der Engl gsagt,
der doamoals ihr döi Botschaft bracht,
daß sie sollt Gottes Sohn gebärn.
Und etzert mouß sie's widder härn . . .
Vull Freid im Herzn touts gleich lobn
ihrn Schöpfer, der im Himml drobn,
und spricht „Mei Seel erhebt den Herrn,
sein' Willn gemäß vollend ichs gern!"

Maria ging hinaus

aus Theres

Maria ging hinaus, zu Zachariä Haus.
Sie ging in aller Eil', bergauf und ab viel Meil'.
Sankt Johann war die Stadt, wo sie ihr Bäslein hat,
Sankt Johann war die Stadt, wo sie ihr Bäslein hat.

Sie ging alleine nit, es ging Sankt Josef mit.
Sie trug auch Gottes Sohn, in ihres Herzens Thron,
dazu ein' Engelschar, unsichtbar bei ihr war,
dazu ein' Engelschar, unsichtbar bei ihr war.

Und Elisabeth behend, die Mutter Gottes kennt.
Sie sprach, welch hohe Ehr', wohl Gott ihr heut' gewähr'.
,,Maria sei gegrüßt, du benedeiet bist,
Maria sei gegrüßt, du benedeiet bist."

Und Maria also sprach: ,,des Herren niedre Magd,
tat Gott sich auserwähl'n, hochpreiset meine Seel'n,
den Herrn, der alles lenkt und uns Gnad' und Segen schenkt,
den Herrn, der alles lenkt und uns Gnad' und Segen schenkt."

Herbergssuche

Zu dera Zeit, im gleichn Joahr,
wöi der Augustus Kaiser woar
und der Tiberius als Ferscht
im Land Judäa dortn gherrscht,
hout die Regierung für die Leit
a groußa Schätzung vurbereit',
daß jeder Bürger, wöi si's ghärt,
zum Steierzohln afgfordert werd.

Und a der Joseph mouß begebn
sich zur Bezirksstadt Bethlehem;
weit is der Weg und töif verschneit,
denn es woar grod die Winterszeit
und recht arg kalt im selbin Joahr,
wöis scho seit langer Zeit net woar.
Nach fünf Stund Foußweg kummas oh,
toudmöid Maria mit ihrm Moh.
Fürs junge Weibla woars arg schwer,
denn des kummt vo ihrm Zustand her.

Etz brauchertns a Nachtquartier,
doch närgerds sehgns a offna Tür.
Hell senn erleicht die Stubn und Zimmer
vom festlin Sunntogabmd-Schimmer,
a Gschrah, a Musik und a Hetz,
wous nach an Zimmer froung, härns etz:
„Mir hom kan Platz, es is nix frei,
schaut Eich wou anderscht um ner glei!“ - - -
Af Mitternacht hie touts scho göih,
unser Maria gspürt ihr Wäih.

Dou könnas grod an Stall nu finna
mit aner Foutterkrippn drinna,
dort nei legts af a Häufla Strouh
ihr Erschtgeborns, an klana Bou.

Wachet auf, ihr stolzen Bürger

Wachet auf, ihr stolzen Bürger, wacht doch auf aus tiefer Ruh'.
Wachet auf, ihr harten Sünder, schließet nicht die Herzen zu.
Seht, in Bethlehem verzaget, die schönste Jungfrau rein.
Ach wo sie um Herberg fraget, lasset sie doch keiner ein.

Gar so trostlos auf der Straßen, gehet sie mit ihrem Mann,
ach, Maria einzulassen, denket ja kein Mensch daran.
Sehet, sie ist auserkoren, Mutter Gottes wird sie sein,
aus ihr wird der Herr geboren, ach, ihr Christen laßt sie ein.

Doch kein' Herberg' ist vorhanden, ist kein Platz für sie gemacht.
Sollen kommen sie zuschanden, in der kalten Winternacht?
Ach, so gibt es kein Erbarmen, in der ganzen großen Stadt?
Keiner da, der für die Armen eine sich're Klause hat?

O Maria, tu nicht klagen, Gott der Herr ja bei dir ist.
Wirst verschmerzen alle Plagen, da du Mutter Gottes bist.
Und als wie aus einem Munde, alle Welt verehret dich,
auf dem ganzen Erdenrunde lobt und preiset alles dich.

Als Maria die Jungfrau zart

aus Untersambach (Steigerwald)

Als Maria die Jungfrau zart, in dem kalten Winter
ging in die Stadt nach Bethlehem, zu den Davidskindern.

Fragte sie um Herberg an, aber da war keiner,
der sich ihr erbarmen tät und sie lasset einer.

Ja, sie sagten überall: „vor der Stadt da draußen,
draußen ist ein alter Stall, eine steinerne Klausen.

Da geh du mit Josef hin, drinnen magst logieren,
bis der Winter ist vorbei und du kannst marschieren.“

Als die Nacht am längsten war und so hart gefroren,
hat Maria, die Jungfrau rein, ihr lieb's Kind geboren.

Wickelt es in Windeln ein, tut ihm ja recht frieren,
legt es in die Kripp' hinein, zu den wilden Tieren.

Lauft, ihr Sünder, lauft herbei, tut das Kindlein grüßen,
macht uns ja von Sünden frei, fallet ihm zu Füßen.

Die Hirten auf dem Felde

Af aner Wiesn vur der Stadt
hom Schoufhirtn ihrn Weidplatz ghatt;
im Summer mooch döi Ärbert göih,
im Winter houts a Hirt net schöi.
Drei Männer höitn dort ihr Schouf
und findn in der Nacht kan Schlouf.

Und wöi sa si su unterhaltn
in dera Winternacht, der kaltn,
dou sagt der Michl zu sein Freind:
„Horch Schorsch, a su a Kält wöi heint
waß ich ball net seit fuchzeh Joahr!"
Die Nacht woar grod su seltsam kloar - - -
Der Michl maant: „Wallst vo der Kält,
vo dera argn houst derzählt,
fällt mir doch ei' a alta Mär,
döi mir mei Poat vo fröiher her
als klana Boum scho hout verzillt:

A Prophezeihung werd erfüllt,
daß, wenn amoal a groußa Kält,
wöis heier is, herrscht af der Welt,
dann sollert a „Messias“ kumma.

Su hob i's vo mein Poat vernumma.
Ja, und der tet uns nou erläisn
aus dera schlechtn Welt, der bäisn,
wenn er amoal uns Menschn alln
Friedn bringt und Wohlgefalln . . .!“

Stehet still und lauert ein wenig

aus der Gegend um Lichtenfels

Stehet still und lauert ein wenig,
hört was in den Wolken klingt:
,,Gloria in Excelsis Deo",
laut' als wenn ein Engel singt.
Meine Hirten, was bedeutet
dieser reine Engelsang?
Seit ich lebe auf der Erde,
hab's nicht g'hört mein Leben lang.

Also tu ich das verstehen,
dieses muß ein Engel sein,
welcher rufet allen reinen
Schäfersleuten insgemein.
Heute singen alle Engel
,,Ehre sei Gott in der Höh'.
Friede den Menschen auf der Erde,
die nur guten Willens sind."

Als ich bei meinen Schafen wacht'

Als ich bei meinen Schafen wacht',
ein Engel mir die Botschaft bracht',
deß bin ich froh, bin ich froh,
froh, froh, froh,
froh, froh, froh,
benedicamus Domino!

Er sagt, es soll geboren sein
zu Bethlehem ein Kindelein,
deß bin ich froh, . . .

Er sagt, das Kind liegt da im Stall
und soll die Welt erlösen all,
deß bin ich froh, . . .

Als ich das Kind im Stall geseh'n,
konnt' ich wohl nicht von dannen geh'n,
deß bin ich froh, . . .

Das Kind zu mir sein' Äuglein wand't,
ich gab mein Herz in seine Hand,
deß bin ich froh, . . .

Der Engel Gottes bei den Hirten

Mit denni Hirtn is a Gfrett.
Vur lauter Plaudern sehgn döi net,
daß immer heller werd die Nacht.
Der Mond hout des net ferti bracht.
A Licht kummt etz vo weitn her,
vur Angst und Schreckn soongs nix mehr,
und mittndrin a weißa Gstalt.
Dou werds ihnern ganz haaß und kalt.
Etz tout in dera nächtlin Stund
a Engl denni Hirtn kund:

,,Ehr und Preis sei Gott dem Herrn!
Ihr Männer braucht net färchtert wern,
geht her zu mir und horcht mer zou,
wos ich Eich etz verkündn tou!
A göttlichs Wunder is heit gschehgn
und ich hobs a scho selber gsehgn:
In Bethlehem drübm in der Stadt
döi Gschicht sich dortn zoutroong hat.

Heit hout a Jungfrau auserkorn
uns dort den Herrn der Welt geborn!
Ihr ober sollt die Erschtn sei,
döi in der Stadt sich findn ei'!
Des Zeichn ober merkt Eich gout:
A Stern vur Eich herwandern tout,
der zeigt den Weg nach Bethlehem.
A groußa Freid werd Ihr derlebn,
wenn in an klana Stall Ihr findt
in Windln gwicklt a klans Kind;
in aner Krippn liegts af Strouh
und wenners ohschaut, lachts Eich zou.

Des Böibla, des Eich sicher gfällt,
werd amoal sei der Herr der Welt!
Wöis fröiher die Prophetn gsagt,
su hob ich Eich döi Botschaft bracht.

Doch etz, Ihr Männer, macht Eich aaf
und schaut mer schöi zum Stern dort naaf,
der führt Eich bis nach Bethlehem.
Tet afn Weg recht obachtgebn,
denn ich mouß etzert widder göih.
Ehre sei Gott drobn in der Höih!" - - -

Bis döi drei ihrn Schreck verwundn,
woar der Engl scho verschwundn,
häittns doch vur Angst ball griena,
wöi der vuring is erschiena.

Ober etz kröings neia Mout,
denn wos der verkündigt hout,
läßt döi Hirtn net verharrn,
nemmer naaf zum Himml starrn.

,,Schorsch und Michl", sagt der Heiner,
,,wos mir ghärt hom, will mer scheina,
is a bsondrer Fingerzeig,
der kummt drobn vom Himmelreich
und dem sollt mer folng etz glei!"

Su homs gsprochn alli drei . . .

Allhier um Mitternacht

Sternsingerlied aus dem Jagsttal

Allhier um Mitternacht, ihr Christen erwacht,
die Lüfte durchschwebet, das Gloria singend,
die himmlische Schar, geboren Gott war.

Die Hirten auf dem Feld verließen ihr Zelt,
sie konnten kaum schnaufen, vor Rennen und Laufen,
dem Krippelein zu, der Hirt und der Bu'.

Ach daß es Gott walt', wie ist es so kalt!
Möcht' einer erfrieren, sein Leben verlieren,
so kalt geht der Wind, mich dauert das Kind.

Ach daß es Gott erbarm', ist die Mutter arm!
Sie hat ja kein Pfännlein, zu kochen dem Kindlein,
kein Mehl und kein Salz, kein Brot und kein Schmalz.

Ihr Hirten erwacht

aus Franken

Ihr Hirten erwacht, seid munter und lacht.
Die Engel sich schwingen vom Himmel und singen,
die Freude ist nah, der Heiland ist da.

Ihr Hirten geschwind, kommt singet dem Kind.
Blast in die Schalmeien, sein Herz zu erfreuen.
Auf, suchet im Feld den Heiland der Welt.

Sie hören das Wort und eilen schon fort.
Sie kommen in Haufen im Eifer gelaufen
und finden dort all, den Heiland im Stall.

Der Hirten Weg zur Krippe

Und nu in der selbign Nacht,
hom döi afn Weg si gmacht.
Vurher homs, jeder sein Teil,
zammpackt nu in aller Eil,
wos als Gschenker miet wolln nehma,
denn sunst möißtns sa si schema,
wenns mit leeri Händ goar tetn
dortn vur ihrn Heiland tretn . . .

Und wöis mitanander laafn,
im töifn Schnäi möins tüchti schnaafn,
dou manas, sie härn wou wos singa
und feini Instrumentla klinga
ganz leis, als kummerts aus der Fern . . .
Am Himml droma leicht der Stern,
der langsam zöicht vur ihnern her.
Der Weg macht denni vill Beschwer;
nach drei Stund senns in Bethlehem
und dort wollns sehgn, wos sich begebn.

Dou bleibt der Stern drobn in der Häih,
af amoal etz am Himml stöih.
Ball stennas vur an altn Haus,
wou hint im Huf a Stall is drauß.
Dort drinna liegt af Hei und Strouh
a herzig schöiner, klaner Bou,
und um sei Gsichtla is su hell,
daß niederfalln glei af der Stell
döi übernächtin Hirtnleit
und lobn ihrn Herrgott vuller Freid!

Auf, auf, ihr lieben Schäfer

aus Kirchenbirkig (Fränkische Schweiz)

Auf, auf, ihr lieben Schäfer, auf stimmt ein Loblied an.
Erwachet all ihr Schläfer, sing wer nur singen kann.
Gott in der Höh' sei Ehre, in dieser Gnadennacht.
Die Himmel, Erd' und Meere, sie preisen seine Macht.

Eilt mit den Engelscharen zum Kind, dem Gottessohn,
um unser Heil zu wahren, stieg er vom Himmelsthron.
Er rettet, was verloren, durch Adams schwere Sünd',
er ward für uns geboren, als armes Menschenkind.

Die Gnade, ihn zu finden, ward Hirten in der Nacht,
die in Gebirges Gründen gehalten treue Wacht.
Es sollt ihr Schäfer alle ja heut' die Ersten sein,
singt froh mit lautem Schalle, das Kind zu benedei'n.

Löiber Brouder, gäih aa mit mir

aus Theres

Löiber Brouder gäih aa mit mir,
nimm dein Dud'lsack zu dir,
Pfeif'n und Fagott,
genga mir af Bethlehem,
zu der Stadt Jerusalem,
zu dem Jesuskindelein,
zu dem Jesuskind.

Tret'n mir zum Stall hinein,
zu dem Jesuskindelein,
singa mir alldort.
Milch und Mehl, des hab'n mir scho,
daß ma Brei draus koch'n ko,
für das Jesuskindelein,
für das Jesuskind.

Zwisch'n Ochs und Eselein
liegt des klanne Kindelein,
liegt des klanne Kind.
Josef mouß bei der Kripp'n bleib'n,
mouß dem Kind die Muck'n vertreib'n,
schlouf mei Kind, schlouf ei ganz g'schwind,
schlouf mei Kind, schlouf ei.

Wenn ich ner a Haisla hätt,
des af Grund und Bod'n steht,
in der Stadt allaa.
Tät ich ja dich kleines Kind,
samt der Mutter nehma g'schwind,
in mei Haisla ganz hinei',
in mei Haisla nei.

Kommet, ihr Hirten all

aus der Gegend um Lichtenfels

Kommet, ihr Hirten all und lauft zu diesem Stall!
Singet, springet, jauchzet und seid alle froh!
Weil uns geboren ist das Kindlein Jesu Christ,
welches uns der schönste Trost auf Erden ist.

Kommt her nur, jung und alt und seht, was auf sich halt:
in dem Stall ein schönes, feines Kindelein,
ein schönes Kindelein, holdselig, hübsch und fein,
eingewickelt in schneeweiße Windelein.

Ihr Musikanten all, laßt hören euern Schall!
Mit den Geigen stimmt ein lustig's Liedlein an!
Die lieben Engelein wiegen das Kindlein ein.
Schlaf mein Kindlein, schlaf nur, schlaf lieb's Jesulein!

Kommet her zur Krippen

aus der Gegend um Lichtenfels

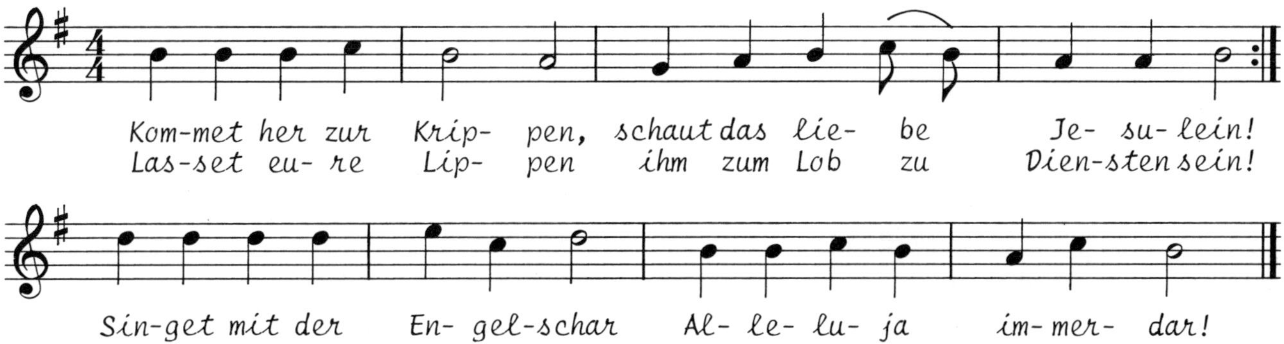

Kommet her zur Krippen,
schaut das liebe Jesulein!
Lasset eure Lippen
ihm zum Lob zu Diensten sein!
Singet mit der Engelschar
Alleluja immerdar!

Knieet vor ihm nieder,
seht, es ist der große Gott,
kommt vom Himmel wieder,
uns zu retten aus der Not.
Singet mit der Engelschar
Alleluja immerdar!

Bringet ihm Geschenke,
weil es liegt so arm im Heu!
Euer Herz sich lenke,
ihm zu dienen fest und treu.
Singet mit der Engelschar
Alleluja immerdar.

Huldigung der Hirten

Gschriebn hout dervoh ka Gschichtnbouch,
wöis etz in ihrer schlichtn Sprouch
dort ihri Gschenker braatn aus,
döis mitbracht vo der Weidn drauß:

,,Mir senn drei armi Hirtnleit,
döi kumma her zur Krippn heit;
a Engl hout uns davoh gsagt,
drum hom mer afn Weg uns gmacht.

Kan Reichtum hom mer und ka Geld,
walls selber uns am Nöitign fehlt!" - - -

Aus Säck und Taschn zöings ihr Woar,
döis niederlegn bam Heilign Poar.
,,A wollerns Jäckla und an Schoal,
nou fröierts Eich net in dem Stall,
dou pfeift der Wind ja ganz schöi rei,
des werd Eich scho willkumma sei!"
Bescheidn houts der Michl gsagt,
doch a der Heiner hout wos bracht:
,,A Kännla Milch und Gackala
bring ich für Eier Wackala,
a Säckla Mehl, aweng an Butter,
nou macht an Pfannakoung die Mutter!"

Und a der Schorsch hout wos dabei,
des er am Krippla auspackt glei:
„Mei Äpfl, Nüß und Mandelkern
mooch Eier Kindla sicher gern!“ - - -
„Mir hom scho ghärt, wöis vur der Nosn
die Türn und Fenster zou hom gstoußn
und wissn wuhl, wöi wäih des tout,
wall selber mir oft leidn Nout.
Regt Eich net aaf, Ihr goutn Leit
und habt an uns dafür a Freid,
denn wos mer schenkn, gebn mer gern,
ghärts doch fürn Heiland, unsern Herrn!“

Was ist das doch ein holdes Kind aus Althausen bei Bad Kissingen

Was ist das doch ein holdes Kind,
das man hier in der Krippe find',
ach so ein holdes Kindelein,
das muß gewiß vom Himmel sein.

Die Frau, die bei der Krippe kniet
und selig auf das Kindlein sieht,
das ist Maria fromm und rein,
ihr mag recht wohl von Herzen sein.

Der Mann, der zu der Seite steht
und still hinauf zum Herren fleht,
das muß der fromme Josef sein,
der wird sich auch des Kindleins freu'n.

Und was dort in der Ecke liegt
und nach dem Kindlein schaut vergnügt,
der Ochs und auch das Eselein,
das mögen gute Tiere sein.

Und was den Stall so helle macht
und was so lieblich singt und lacht,
das sind die lichten Engelein,
die schau'n zu Tür und Fenster 'rein.

O Jesulein süß

aus Theres

Laßt uns das Kindelein wiegen,
das Herz zum Krippelein biegen,
laßt uns im Geist erfreuen,
das Kindlein benedeien.
O Jesulein süß, o Jesulein süß!

Laßt uns dem Kindelein singen,
ihm unser Opfer bringen,
laßt uns ihm Ehr' beweisen,
es loben und hochpreisen.
O Jesulein süß, o Jesulein süß!

Laßt uns das Kindelein tränken,
ihm Zuckermilch einschenken,
es wird uns wohl bedenken,
in seine Freud' versenken.
O Jesulein süß, o Jesulein süß!

Laßt unser Stimm' erschallen,
es wird dem Kind gefallen,
laßt ihm ein Liedlein singen,
dem Kindlein Freude bringen.
O Jesulein süß, o Jesulein süß!

Schlafe mein Kindelein

aus der Rhön

Schlafe mein Kindelein, schlafe mein Söhnelein,
singt die Mutter Jungfrau rein.
Schlafe mein Herzelein, schlafe mein Bübelein,
singt der Vater eben fein.

Singet und klinget dem Kindelein klein,
dem lieben guten Jesulein.
Singet und klinget, ihr Engelein fein,
mit tausend hellen Stimmelein.

Komm, mein Kindelein, schau dein Bettelein,
das für dich bereitet ist.
Komm, mein Söhnelein in das Krippelein,
das mit Heu gestreuet ist.
Singet und klinget . . .

Schließ deine Äuglein zu, deck deine Händlein zu,
denn es braust ein kalter Wind.
Schlafe mein Kindelein, dich das Eselein,
wird erwärmen mit dem Rind.
Singet und klinget . . .

Schlafe mein' Lustbarkeit, meines Herzens Freud',
schweig, daß sich dein Leid nicht mehr'.
Schlafe mein Söhnelein, von seinem Thron herein,
schickt dein Vater Engel her.
Singet und klinget . . .

Still o Erde, still o Himmel

aus Zeil

Still o Erde, still o Himmel,
sieh dein Gott liegt in der Ruh.
Still o Meer mit dein Getümmel,
schließe deine Schranken zu.
Hier liegt er ganz unverhoffen,
ist vom Pfeil der Lieb' getroffen,
hier liegt er ach so matt,
auf der harten Lagerstatt.

Hast vielleicht o liebes Kindelein
einen Lieb'strunk g'nommen ein.
Weil du bei so kaltem Winter
bist so bald geschlafen ein.
Freilich ja ist der rauh' Winter
sonst ein Feind der zarten Kinder.
Aber dir die Kält' nit schad't,
weil dein Herz gebrennet hat.

Schlaf mein Kindlein ohne Sorgen,
schlaf nur, jetzt hast du noch Zeit.
Es wird dich heut' oder morgen
wecken auf der Feinde Neid.
Und am Kreuze wirst du müssen
deinen süßen Schlaf hier büßen,
wenn man dich mit größtem Spott
wird verdammen zu dem Tod.

Schlaf mein Jesu, bleib nur liegen,
schlaf auf deinem harten Heu.
Aber wann ich greif' in Zügen,
wache auf und steh mir bei,
daß ich selig möge schlafen
und mitnehm' die rechten Waffen.
Streite wider meine Feind',
derer gar so viele seind.

Kommt herbei, ihr Engel alle aus Theres

Kommt herbei, ihr Engel alle, kommt herbei ihr Seraphim!
Singt und klingt mit Freudenschalle, singt und klingt ihr Cherubim!
Ungezwungen, ungedrungen stellt euch alle fleißig ein!
Jubilieret, musizieret diesem schönen Kindelein!

Hier ist in dem Schoß Mariä ein liebreiches Kindelein.
Vor dem biegen ihre Kniee, der Ochs und das Eselein.
Sie verehren und vermehren seiner Lieb', Lob, Ehr' und Preis.
Tut ausbreiten und bereiten, was er liebt mit großem Fleiß.

So muß denn mein Herz sich neigen zu der Kripp' und zu dem Heu,
muß ihm Lieb' und Ehr' erzeigen, als ein rechter Diener treu.
In der Jugend voller Tugend, in dem Alter gut und fromm,
Gott zu leben sich ergeben, bis ich in den Himmel komm'.

Schau Christ, wie Christus hat veracht' aus Ziegelanger

Schau Christ, wie Christus hat veracht'
die Welt, der Welt Gut, Ehr' und Pracht.
Vom Himmel kam er auf die Welt,
nichts mit sich bracht', nicht Gut noch Geld,
Gloria in excelsis.

Zu Bethlehem hatt' er kein Haus,
mußt' er zum Stall, zur Stadt hinaus.
Der Stall stand offen, ohne Tür,
voll Löcher, war kein Fenster vür,
Gloria in excelsis.

Hier Gottes Sohn im Winter saß,
kein Feuer da und alles naß.
Die Krippen war ein hartes Brett,
das war sein Wieg' und Kinderbett,
Gloria in excelsis.

Das Kind so kalt, erbärmlich arm,
ein Ochs und Esel hauchten warm.
Sobald das Viech den Atem spart,
schwarz wurd' vor Kält' das Kindlein zart,
Gloria in excelsis.

Aus seinen Äuglein fielen weiß,
wie Perl' sein' Trän', gefroren Eis.
O Christ, tu auf das Herze dein,
schließ' ein und wärm ' das Kindelein,
Gloria in excelsis.

Wie übergroß die Freude war

Wöi übergrouß woar doch die Freid,
döi bracht hom döi drei Hirtnleit
her in den klan, armselin Raum.
Fürs heilige Poar woars wöi a Traum . . .
Sie könna ball ka Wörtla soong,
su houts ihnern die Red verschloong.

,,Ihr glabt goar net, wöi ich mich frei“,
sagt die Maria zu döi drei,
,,habt herzlin Dank für all döi Goabn,
des Essn werd mei Kindla loabn
und all döi andra schöina Woar,
Joseph, is des net wunderboar?“ - - -

Und der derzillt, wöis in der Stadt
hom su arg Angst und Kummer ghatt:
„Ka Mensch hout Herberg gebn uns wolln,
wöi häit des Kindla kumma solln.
Ka warma Stubn, kan Stoll, ka Bett,
und jeder sagt „Ba uns gäihts net,
wall unsern Platz mir selber braung,
vielleicht touts Eich wou anderscht taung",
bis endli in dem altn Haus
mir gfundn hom den Stall heraus.

A Ochs, a Esala, a Kouh
schaua bei der Geburt uns zou,
ka Mensch hout gholfn uns derbei,
arg woarn döi Stundn für mei Wei',
doch etz is unser Kindla dou,
drum Gott ich herzli dankn mou
und bitt in Demut unsern Herrn,
daß segnt er Eier Opfer gern.
Wos Ihr gebn habt is mäiher wert
als Gold und Reichtum unsrer Erd!" – –

Su is die erschte Christnacht gwesn,
wöis in der Heilign Schrift mir lesn.

O Jesulein, o Gottes Sohn

O Jesulein, o Gottes Sohn,
ein Kripp' voll Stroh, das ist dein Thron.
Ein Stall dein Hof, dein Hofgesind
der Esel und das plumpe Rind.
Kindelein im Stall, mach uns selig all!
Kindelein im Stroh, mach uns froh!

O Kind, du wahrer Gottessohn,
o Kripp', du Salomonis Thron,
o Stall, du schönes Paradeis,
o Stroh, wie Rosen rot und weiß!
Kindelein im Stall, . . .

O wär mein Herz ein solcher Stall,
nichts wünschen wollt' ich überall.
Mein Herz mit diesem Kindelein,
sollt' bald ein wahrer Himmel sein.
Kindelein im Stall, . . .

Erstaune, o Himmel aus der Gegend um Lichtenfels

Erstaune, o Himmel, erstaune, o Erde
über eine große Freud',
was je die Propheten versprochen zu werden,
dieses soll geschehen heut'.
Als es nachts um zwölfe war,
erschien eine Engelschar.

Wir wurden erleuchtet von himmlischen Strahlen
auf dem Feld bei unserer Herd'.
Und hörten dann singen von himmlischen Chören:
„Ehre sei Gott, Fried' auf der Erd'.
Christus ist gebor'n, ihr Leut',
erfreuet ihr Guten euch heut'."

Zu Bethlehem im Stalle

aus dem Spessart

Zu Bethlehem im Stalle steh'n viele Engelein,
erwarten an der Türe das Jesuskindelein.
Der Stall ist sehr gezieret mit feierlicher Pracht
und alles hergerichtet für die geweihte Nacht.

Sie haben Tür und Fenster mit Seidenstoff verdeckt,
daß ja kein rauhes Lüftchen das Jesuskindlein schreckt.
Sie haben süße Sachen dem Kindlein mitgebracht
und warten nun mit Ehrfurcht auf ihn, den Herrn der Welt.

Da kommt es her vom Himmel und sieht im Stall den Glanz,
den es im Himmel hatte und ist betrübet ganz.
„Ihr Engel", spricht es, „traget all diese Schönheit fort,
nur Not und Elend wohnet an diesem düstren Ort."

Wach, Nachtigall, wach auf

aus Theres

Wach, Nachtigall, wach auf, wach auf du schönes Vögelein,
auf jenem grünen Zweigelein, wach hurtig auf, wach auf!
Dem Kindelein auserkoren, heut geboren, fast erfroren,
sing, sing, sing dem zarten Jesulein!

Flieg her zum Krippelein, flieg her geliebtes Schwesterlein,
blas an den feinen Psalterlein, sing Nachtigall gar fein!
Dem Kindelein musiziere, koloriere, jubiliere,
sing, sing, sing dem süßen Jesulein!

Stimm Nachtigall, stimm an, den Takt gib mit den Federlein,
auch freudig schwing die Flügelein, erstreck dein Hälselein!
Der Schöpfer dein, Mensch will werden mit Gebärden, hier auf Erden,
sing, sing, sing dem werten Jesulein!

Kleiner Knabe, großer Gott

aus Theres

Kleiner Knabe, großer Gott!
Schönste Blume weiß und rot!
Von Maria neu geboren,
unter tausend auserkoren,
allerliebster Jesu mein,
laß mich ganz dein eigen sein!

Nimm mich an, geliebtes Kind
und befehle nur geschwind!
Reich' mir deine süßen Lippen,
rufe mich zu deiner Krippen,
tu mir durch dein goldnen Mund
deinen besten Willen kund!

Ich verlasse nun die Welt
und was mir an ihr gefällt.
Dir alleine will ich leben,
dir mich gänzlich untergeben.
Du allein, o Jesu mein,
du sollst stets mein Meister sein.

Gegrüßet sei du, o Jesu mein

Gegrüßet sei du, o Jesu mein,
schön's Kindelein.
Laß mich doch dein eigen sein,
herzliebes Jesulein.

Du bist so arm in diesem Stall,
reich's Kindelein.
Dein Reichtum ziert des Himmels Saal,
o armes Jesulein.

Du bist so schwach auf dieser Welt,
stark's Jesulein.
Dein' Stärk' die ganze Welt erhält,
o schwaches Kindelein.

Nimm hin mein Herz, gib mir das dein',
schön's Kindelein.
Laß beider Herzen ein Herze sein,
o liebes Jesulein.

Drei Könige

Döi Hirtn ober, vuller Glück,
kehrn widder zu ihr' Herdn zrück.
Wöis hammzou senn dann widder gloffn,
homs unterwegs vill Leit nu troffn,
denni derzillns, wos sich begebn
in dem klan Stall in Bethlehem.
Gwundert hout drüber sich a jeder,
verstandn hom sie's doch erscht speter ...
Und in der Bethlehemer Stadt
hout si des ball rumgsprochn ghatt,
wos in dem Ställa dort is gschehng,
drum wolln alli des Kindla sehng,
des amoal, su wöis prophezeit,
soll herrschn über Welt und Zeit.

Net lang danouch senn andri kumma,
döi a döi Botschaft hom vernumma
und hergführt houts der selbe Stern.
Vom Morgnland kumma döi Herrn,
vo königlichm Blout sollns sei,
döi sich am Krippla findn ei'.
Ihnern is a verkündigt worn,
daß dort a König wär geborn.
Drum machns ball ihrn Troß bereit
zu dera Reis, gout hundert Leit;
sie tenna vill Gepäck verschnöiern.
Der Stern am Himml drobn werds föihern.
Und wall ihr Weg woar lang und weiter,
drum woarn döi königlichn Reiter
a gouta Wochn speter droh,
wöis an der Krippn kumma oh.

Doch anderscht wöi döi arma Hirtn,
tennas des Kindla reich bewirtn:
Gold, Weihrauch, Gwürz und schöina Tand
hom döi drei Herrn vom Morgnland
mitbracht zu denni arma Leit,
döi dort in übergroußa Freid
senn vuller Dankboarkeit bewegt,
wöis ihri Gschenker niederglegt.
Maria und ihrn Moh verwirrn
des Gold, der Weihrauch und döi Myrrhn,
vur lauter Glück senns ganz verlegn,
denn suwos, des homs nonni gsehgn.
Wöis knöia hie döi houchn Herrn,
des Jesuskindla zu verehrn,
fällt nern döi Prophezeihung ei:
„Des Kind soll der Messias sei." - - -

Ein Lied laßt uns jetzt singen aus dem Spessart

Ein Lied laßt uns jetzt singen von freudereichem Klang,
vom heil'gen Christuskinde, von himmlischem Gesang.
Von Fürsten, Gold und Würden und Flöten armer Hirten.

Ein Stern ging auf im Osten, drei König' sahen ihn.
Sie hatten treu gespähet, bis endlich er erschien.
Sie sah'n so hell noch keinen und mußten freudig weinen.

Sie dankten Gott und sprachen: „ein End' hat nun die Nacht,
die Sonne ist erschienen, auf die wir lang gewacht.
Das Licht vom Licht gibt Kunde, dies ist die Weihnachtsstunde."

So haben sie gesprochen und sprangen auf im Flug
und ließen sich da richten den allerreichsten Zug,
um mit dem Stern zu ziehen und vor dem Herrn zu knien.

Wohl über Berg und Täler und über Fluß und Steg,
so zogen hin die Fürsten gar freudig ihren Weg
und stets so voll Vertrauen sie nach dem Sterne schauen.

An manchem reichen Hause, an Burgen stark und hoch,
an Städten und Palästen der Stern vorüberzog:
wo stolz die Sünder thronen, mag nicht die Demut wohnen.

Drei König führet die göttliche Hand aus Theres

Drei König führet die göttliche Hand
mit einem Sterne aus Morgenland.

Wir kommen daher in schneller Eil',
in dreizehn Tagen vierhundert Meil'.

Wir kommen vor des Herodes Haus,
da schaut Herodes zum Fenster hinaus.

,,Ihr liebe drei Herren wo wollet ihr hin?"
,,Nach Bethlehem steht unser Sinn."

,,Nach Bethlehem, nach Davids Stadt,
die uns der Stern bezeichnet hat."

,,Was schaffet ihr da, ihr liebe drei Herrn?"
,,Wir woll'n dem Kinde Gold, Weihrauch
verehr'n."

,,Gold, Weihrauch und auch Myrrhen fein,
das Kind soll unser König sein."

Zum Beschluß

Su woarn, wärs oft nu heit der Fall,
vereinigt in an klana Stall
die arma und die reichn Leit –
a Mahnung bis in unser Zeit . . .

Hirtn und König' hom uns gebn
a Zeichn dort in Bethlehem,
des durch Joahrtausend nu bis heit
den echtn Sinn der Weihnachtszeit
vur Augn uns führt, daß mer bedenkt,
es kummt draf oh net, w o s mer schenkt.

Drum knüpf ich den Gedankn droh,
af die Gesinnung kummts wuhl oh.
Su bitt ich Eich, laßt in die Herzn
hell stroahln unsri Weihnachtskerzn
und daß des Wort erfüllt sich alln
vom „Friedn und vom Wohlgefalln"!

O freudenreicher Tag

aus Theres

O freudenreicher Tag, o gnadenreicher Tag!
Maria auserkoren, ein Kindlein hat geboren,
zu Bethlehem im Stall.

Dies Kind ist Gottes Sohn, 'kommen vom höchsten Thron.
Laßt uns dasselbe preisen, ihm Lob und Ehr' erweisen,
zu Bethlehem im Stall, zu Bethlehem im Stall.

Bei diesem Kindelein vieltausend Engel sein,
dasselbe zu verehren, als ihren Gott und Herren,
zu Bethlehem im Stall, zu Bethlehem im Stall.

Liederverzeichnis

Bücher über Nürnberg und Franken im Verlag Albert Hofmann

NÜRNBERG · Bilder einer Stadt

Aufnahmen von Friedrich Mader, Einleitung von Hans Max von Aufsess. Repräsentativer Bildband. Ganzleinen, Schutzumschlag und Schmuckschuber. Text in deutsch, englisch und französisch. 224 Seiten, davon 132 Seiten farbig, 48 Seiten schwarz-weiß, 44 Seiten Einleitung und Bildtexte, Format 27 x 33 cm.

Nürnberger Erinnerungen 1. und 2. Folge

Bildbände mit je 180 Fotos aus den Jahren 1920–1945. Bildband Ganzleinen, je 192 Seiten, Format 24 x 22 cm.

Brunnen, Denkmale und Freiplastiken in Nürnberg

Eine Bestandsaufnahme von Helmut Häußler. Bildband mit 212 Abbildungen, Ganzleinen, 132 Seiten, Format 24 x 22 cm.

Nürnberg, Geschichte und Geschichten

Für jung und alt aufgezeichnet von Herbert Maas, mit vielen Federzeichnungen von Fritz Henry Oerter sowie 30 teils farbigen Abbildungen und einer Übersichtskarte von Nürnberg, 244 Seiten, Format 16 x 24 cm.

Egon Helmhagen · Wir Franken

Die „gestammelten" Werke des durch Funk, Fernsehen und Schallplatten über Frankens Grenzen bekannten Humoristen. Umfang: 96 Seiten.

Hans Roser · Der Hahnenkamm in Franken

Entdeckung einer Landschaft. Cellophanierter Pappband, Titelbild und Zeichnungen vom Autor, 108 Seiten, Format 21 x 19,5 cm.

Rudolf J. Weickmann · Der „Zapf"

Robert Gebhardt und der 1. FCN. Pappband, 128 Seiten, davon 32 Seiten Abbildungen, Format 16 x 24 cm.

Nürnberger Hausmadonnen und Figuren

Ein Spaziergang durch die Nürnberger Altstadt. 40 Seiten, Ganzleinen mit Schutzumschlag und Lageplan. Abbildungen ein- und vierfarbig. Format 18 x 27 cm.

Schwemmer/Lagois Die Sebalduskirche zu Nürnberg

Hervorragend ausgestatteter Bildband mit Text und Kommentar von Dr. Wilhelm Schwemmer, Abbildungen von Martin Lagois. Cellophanierter Pappband, Abbildungen ein- und vierfarbig, 80 Seiten, Format 19 x 27 cm.

Egon Helmhagen · Egons Plaudereien

Die Wochenend-Beiträge sind Histörchen, Begebenheiten und Zwischenfälle aus unserem Nürnberger Alltag. Sein Humor ist von fränkischer Art, von Herzen kommend und so treffend, daß man schmunzelnd sagen könnte: „Sigst, grood asu, wöis mer neili selber passiert is." Zeichnungen: Emil Sogor, Umfang: 96 Seiten.

Rudi Weickmann
Der Gänskrogn trifft den Dittlasbatscher

Mit seinem Buch hat Rudi Weickmann eine echte Marktlücke geschlossen, indem er erstmals niedergeschrieben hat, wer diese Originale waren, wo sie lebten und wirkten. Illustriert, Umfang: 96 Seiten.

Rudi Weickmann · Wärdshaus-Gschmarri

Er beobachtet seine Nürnberger scharf, schaut ihnen aufs Maul und schreibt ihre Sprache. Das Ergebnis: Hintersinniger bis schwarzer Humor, Weisheiten und Erkenntnisse eines „Eingeweihten". Zeichnungen: Volker Hahn/Henry Oerter, Umfang: 84 Seiten.

Schorsch Drechsler
Die Henna und die Nachtigall

Der Bauerndichter von Boxdorf ist im „Knubelasland" hinreichend bekannt. Seine heiteren und besinnlichen Verse in Mundart geben Einblick in das Leben der Bauern aus dem Gemüseland vor den Toren Nürnbergs. Zeichnungen: Volker Hahn/Henry Oerter, Umfang: 96 Seiten.

Antonie Strebel · Unser Strebala

Fränkischer Humor, Couplets und Prosastücke des bekannten Nürnberger Kabarettisten. Illustriert, Umfang: 96 Seiten.

So singa mir

Aus dem schönen Frankenland wurden von 22 Singgruppen die bekanntesten Lieder aufgezeichnet. 100 Lieder, Noten und Texte mit zahlreichen Illustrationen, bibliophiler Halbleinenband, 124 Seiten, Format 20 x 15 cm.

Kärwa-Liedla

Gustl Drechsler's Sammlung tolldreister Verse gewinnt durch die deftigen Illustrationen von Fritz Henry Oerter. Bibliophiler Halbleinenband, 96 Seiten, mit Noten und Texten, Format 20 x 15 cm.

Das vorliegende Liederbuch „Fränkische Weihnacht" gibt es als Schallplatte von colosseum unter dem Titel

„*Weihnacht in Franken*" Best.-Nr.: Colos SM 3015